SPARGEL

Die besten Rezepte

LiCo

Inhaltsverzeichnis

Hinweis: Wenn nicht anders angegeben, beziehen sich die Zutaten auf 4 Personen.

Vorwort

Früher fast ausschließlich als Luxusgemüse für Festmahl und Hochzeitsbankett geschätzt, findet das populäre Gemüse heutzutage seinen Weg immer öfter auch in unsere Kochtöpfe. Nicht ohne Grund wurde Spargel seinerzeit auch als Heilpflanze gepriesen: Im Gegensatz zu seinem geringen Kalorienanteil ist das edle Gemüse beim Vitamin- und Nährstoffgehalt ein echtes Schwergewicht.
Bereiten Sie Spargel traditionell, als Risotto oder Nudelgericht, mit Fleisch, Fisch und Meeresfrüchten oder auch mal vegetarisch zu.

Ob Anfänger oder Hobbykoch, über 50 detaillierte Rezepttexte, anschauliche Fotos und hilfreiche Informationen führen Sie in die Genusswelt von grünem und weißem Spargel und lassen keine Fragen mehr offen.

Frisch ist Spargel einfach am besten, worauf warten Sie noch: Ran an den Spargel!

Alles über Spargel

Spargel – ein Hauch von Luxus haftet ihm an: Das edle Stangengemüse gilt als unangefochtene Königin unter den Gemüsesorten. Bereits um 3.000 v. Chr. und früher wussten Ägypter, Griechen und Römer die harntreibende und angeblich aphrodisierende Wirkung zu schätzen. Hierzulande zeigen mittelalterliche Kräuterbücher Spargel hauptsächlich als Heilpflanze gegen Nierenleiden, was auf seine harntreibende Wirkung zurückzuführen ist. In Deutschland sollen erste Spargelstangen um 1550 in Stuttgart angebaut worden sein. Zunächst wurde Grünspargel bevorzugt, aber dann setzte sich immer mehr der Bleichspargel durch.

Botanisches zum Spargel

Der Name des Gemüsespargels lautet *Asparagus officinalis*. Dabei steht *Asparagus* für die Gattung Spargel, der Artname *officinalis* heißt übersetzt „heilkräftig" und bestimmt den Gemüsespargel eindeutig. Es gibt rund 130 Spargelarten, in Europa begegnet man ca. 15 verschiedenen Arten.

Vornehme Sprosse

Die Spargelsprosse gehört zur Pflanzenart der Stauden, die bis zu 1,50 m hoch werden können. Die Staude wird auch als „Erdpflanze" bezeichnet, denn die eigentliche Sprosse liegt als gestauchtes Speicherorgan im Boden verborgen. Sie überwintert unterirdisch und treibt im Frühjahr wieder aus.

Ernte

Geerntet wird die Sprosse mit der Hand, indem man sie zuerst mit den Händen freigräbt und dann entweder direkt über der Erde abbricht oder mit speziellen Messern sticht. Je gleichmäßiger die Stangen gewachsen sind, umso höher ist ihre Qualität. Sind die Stangen sehr dünn, so ist das ein Zeichen dafür, dass sie zu wenig Wasser während des Wachstums bekommen haben.

Die Saison ist eröffnet!

Das deutsche Edelgemüse ist nur kurze Zeit zu haben: Die Spargelsaison beginnt je nach Witte-

rung etwa Mitte bis Ende April und endet traditionell am 24. Juni, dem Johannistag. An diesem Tag beenden die Spargelbauern die Ernte, damit die Pflanzen genug Zeit haben, sich zu regenerieren.
In diesem Zeitraum ist Spargel das begehrteste Saisongemüse, und man genießt die leckeren Stangen am besten sooft wie möglich.
Ganzjährig ist Spargel auch als Importware erhältlich. Das Gemüse kommt dann zum Beispiel aus Griechenland oder Übersee. Achten Sie allerdings beim Kauf darauf, dass der importierte Spargel möglichst frisch ist, denn die feinen Stangen verlieren sehr schnell an Qualität – ein Grund, warum der heimische Saisonspargel deutlich im Vorteil ist.
In Gläsern und Konserven haltbar gemacht, ist Spargel ebenfalls das ganze Jahr über erhältlich. Tiefgekühlter Spargel dagegen spielt eine eher untergeordnete Rolle, er hat sich beim Verbraucher bislang noch nicht durchgesetzt.

Weiß oder grün?

Für welche Spargelsorte man sich entscheidet ist in erster Linie Geschmackssache. Je nach Anbauverfahren zeigt sich das königliche Gemüse vor allem in drei Farben: weiß, violett oder grün.

Weißer Spargel

Die Spargelsorte mit der vornehmen Blässe ist der bei uns am häufigsten angebotene und wohl auch beliebteste Spargel. Er wächst in aufgeschütteten Erdwällen und von Sand bedeckt, sodass er vor Sonnenlicht geschützt ist. Noch bevor die Stangen den Boden durchstoßen, werden sie geerntet – am besten frühmorgens und stets per Hand. Bleichspargel ist besonders zart und mild und muss geschält werden.

Violetter Spargel

Violetter Spargel ist eher selten zu finden. Er hat einen etwas intensiveren Geruch, einen eher bitteren Geschmack und muss ebenfalls geschält werden. Seine violette Verfärbung entsteht, sobald die Spargelspitze die Erde durchbricht und kurze Zeit der Sonne ausgesetzt wird.

Grüner Spargel

Grünspargel wächst in der Regel auf ebenen Beeten gänzlich oberirdisch, also unter Lichteinfluss. Dadurch bildet er den charakteristischen, grünen Farbstoff Chlorophyll, der dem Spargel nicht nur seinen mild-würzigen Geschmack verleiht, sondern auch für einen hohen Vitamin-C-Gehalt sorgt. Grüne Spargelstangen sind dünner als die weißen und müssen nur im unteren Bereich geschält werden.

Gewusst wie: Spargel richtig zubereiten

Waschen

Waschen Sie die Spargelstangen zunächst gründlich, besonders die weißen, da sie unterirdisch wachsen. Dadurch befreien Sie sie vor allem von Sand, der sich gerne in weniger glatten Köpfen oft noch versteckt.

Schälen und vorbereiten

Verwenden Sie am besten ein scharfes Küchenmesser oder einen speziellen Spargelschäler (scharfes Messer mit verstellbarer Sparführung) zum Schälen.

Die Spargelstangen sollten immer vom Kopf zum Schnittende hin geschält werden: Beim weißen Spargel setzt man 1–2 cm unterhalb des Kopfes an, dann schält man die Schale zunächst dünn, zum Ende hin dicker rundum ab. Beim Schälen der grünen Spargelstangen beginnt man etwa 5 cm oberhalb des Stangenendes. Anschließend den Spargel abspülen und an den Enden so abschneiden, dass die Stangen gleich lang sind. Bei frischem Gemüse reichen oft 1–3 cm, bei trockenen und faserigen Enden sollten Sie mit dem Abschneiden ruhig etwas großzügiger sein. Achten Sie unbedingt darauf, dass keine ungeschälten Stellen übrig bleiben, da diese den Genuss später eintrüben können.

Garen mit Köpfchen

Damit Spargel seine Aromen entfaltet und nach dem Erhitzen noch genug Biss hat, muss man ihn schonend behandeln. Die zarten Stangen entwickeln ihre besonderen Geschmacksnuancen am besten, wenn sie blanchiert werden.

- Man kann den Spargel zu 8–10 Stangen bündeln und mit Küchengarn zusammenbinden. Dann den Spargel aufrecht in einem hohen Topf (die Köpfe schauen aus dem Wasser heraus) oder liegend im flachen Spargel-Dampftopf garen. So lässt er sich nach dem Garen leicht und ohne Beschädigung aus dem Sud heben.

- Geben Sie etwas Salz ins heiße Kochwasser.
- Eine Prise Zucker kann eventuell vorhandene Bitterstoffe mindern.
- Ein kleiner Spritzer Zitronensaft im Kochsud kann beim weißen oder violetten Spargel Verfärbungen etwas mindern. Beim Grünspargel sollten Sie darauf verzichten, da sich die Stangen sonst gräulich verfärben.
- Wer feinen Buttergeschmack mag, kann einen Teelöffel Butter in das Kochwasser geben.

- Anschließend auf geringe Hitze zurückschalten und im geschlossenen Topf 15–25 Minuten garen. Die Garzeit variiert nach dem Durchmesser der Stangen. Verwenden Sie eher dünne Stangen oder garen Sie grünen Spargel, reichen auch bereits 8–15 Minuten Garzeit.

Spargel hat viel zu bieten

Nicht nur wegen seines hervorragenden Geschmacks und seines edlen Aussehens sollte Spargel während der Erntezeit oft auf unserem Speiseplan stehen. Die schmackhaften Stangen verwöhnen nicht nur den Gaumen, sondern auch den Körper: Seine Inhaltsstoffe machen Spargel zu einem besonders gesunden, leicht verdaulichen Gemüse.

Spargel hat harntreibende und ausschwemmende Eigenschaften und regt somit die Nierentätigkeit an. Verantwortlich dafür ist die Aminosäure Asparagin, die auch den typischen Spargelgeschmack bildet. Zudem kann der Spargel mit seinem Gehalt an Ballaststoffen, verschiedenen Vitaminen und Mineralstoffen glänzen: Wenn Sie zum Beispiel 500 g gekochten Spargel essen, haben Sie bereits 80 % Ihres Tagesbedarfs an Vitamin C und E sowie gut 25 % an Folsäure zu sich genommen. Außerdem liefert eine große Portion Spargel auch über 30 % der empfohlenen Zufuhr an Kalium.
Hinzu kommen sekundäre Pflanzenstoffe, die einen positiven Einfluss auf unsere Gesundheit haben, antibakteriell wirken und denen eine krebshemmende Wirkung zugeschrieben wird.

Zu guter Letzt besteht Spargel zu über 90 % aus Wasser, enthält kaum Fett und kein Cholesterin. Damit ist er ideal für alle, die sich gesund und kalorienbewusst ernähren wollen. Allerdings sollte man dann bei der Zubereitung auf schwere Saucen, Butterbrösel oder Speckmantel verzichten.

Auf einen Blick: Das steckt in 100 g Spargel

Energie:	18 kcal/75 kJ	Kohlenhydrate:	2,04 g
Eiweiß:	6,05 g	Ballaststoffe:	1,31 g
Fett:	0,16 g		

Mineralstoff / Vitamin	Menge (pro 100 g Spargel)	Funktion
Kalium	202 mg	regelt mit Natrium und Chlorid den Wasserhaushalt des Körpers und ist wichtig für die Erregungsleitung der Nerven und die Arbeit des Herzens
Phosphor	45 mg	ist wesentlich für die Transformation, Speicherung und Verwertung von Nahrungsenergie im Stoffwechsel
Kalzium	26 mg	ist ein wichtiger Baustein für Zähne und Knochen
Fluorid	48 µg	hemmt die Entstehung von Zahnkaries
Eisen	0,68 µg	ist notwendig für den Sauerstofftransport im Blut
ß-Carotin und Vitamin A	603 µg	beeinflussen u. a. das Sehvermögen, das Wachstum und die Fortpflanzungsfähigkeit
B-Vitamine	1,27 mg	unterstützen die Funktion des Nervensystems und stärken die Konzentration, das Gedächtnis und die körperliche Kondition
Vitamin E	2,0 mg	wirkt antioxidativ, d. h. es schützt Fettsäuren und andere leicht oxidierbare Verbindungen im Gewebe vor Sauerstoff
Folsäure	108 µg	ist wichtig bei allen Wachstums- und Entwicklungsprozessen, besonders in der Schwangerschaft
Vitamin C	20 mg	stärkt die Immunabwehr und ist wichtig für Wundheilung und Wachstum

Tipps für Einkauf und Lagerung

- Frischen Spargel erkennen Sie daran, dass seine Schale glänzend ist und die Köpfe geschlossen sind. Die Stangen sollten knackig und prall sein und saftige, helle Schnittflächen haben – sind diese grau oder gar braun, dann deutet das auf eine längere oder falsche Lagerung hin. Vorsicht: Manchmal wird der Spargel im Handel nachgeschnitten, um ihn frischer erscheinen zu lassen, oder die Enden werden mit Papier verdeckt, sodass man die Frische nicht erkennen kann.
- Machen Sie eine Riechprobe: Frischer Spargel duftet an den Schnittstellen angenehm aromatisch – mit zunehmendem Alter riecht er unangenehm und säuerlich.
- Lassen sich die Spargelstangen gut mit dem Fingernagel einritzen, geben leichtem Druck nicht nach und quietschen, wenn man sie gegeneinander reibt, dann können Sie ebenfalls sicher sein, dass es sich um frischen Spargel handelt.
- Ziehen Sie beim Kauf mitteldicke Stangen den dicken vor. Das Schälen dauert dann zwar etwas länger, aber der Spargel schmeckt aromatischer.
- Geschälter Spargel lässt sich, in ein feuchtes Küchentuch eingeschlagen, im Gemüsefach des Kühlschranks für ein paar Stunden aufbewahren, ungeschälter hält sich dort sogar bis zu 4 Tage frisch.
- Sie können rohen, geschälten Spargel auch einfrieren und im Tiefkühlschrank bei -18 Grad bis zu 6 Monaten lagern. Den gefrorenen Spargel später nicht auftauen, sondern direkt für 8–12 Minuten ins kochende Wasser geben.

Allerlei bewährte Spargeltipps

- Kalkulieren Sie pro Person ca. 500 g Spargel ein, falls dieses schmackhafte Gemüse das Hauptgericht bildet und nur mit etwas Sauce (z. B. flüssiger Butter) und Beilagen (Kartoffeln, Schinken) gereicht wird.
- Entsorgen Sie beim Spargelschälen nicht sofort die Schalen und Endstücke! Gut ausgekocht ergeben sie eine feine Brühe für sahnige Spargelcremesuppen.
- Grüner Spargel kann sogar ungeschält genossen werden; lediglich die Spargelenden sollte man vorsichtig abbrechen.
- Sie können Spargel auch roh essen oder zu Salat verarbeiten. Die rohen, knackigen Stangen schmecken ein wenig wie Erbsenschoten und sind besonders würzig. Vor allem dünner Spargel oder Grünspargel eignet sich sehr gut als Rohkost.
- Alternativ kann man Spargel auch dünsten, dämpfen, braten oder grillen. Dabei gehen weniger Vitamine und Spurenelemente verloren. Machen Sie dann auf jeden Fall eine Garprobe mit der Gabel: Das Spargelende sollte weich sein, aber noch etwas Widerstand bieten.

Suppen, Salate & Vorspeisen

Frühlingszeit ist Spargelzeit – leichte, aber nährstoffreiche Gerichte sind jetzt besonders gefragt. Mit Spargel können Sie Energieverluste der kälteren Jahreszeit ruckzuck ausgleichen und Ihren Stoffwechsel ankurbeln. Ob als Vorspeise oder kalorienarmes Gericht: Spargel gibt Kraft z. B. mit Artischocken im Salat, als cremige Suppe oder auch püriert als Tatar mit Frischkäse und Kräutern.

Weiße Spargelcremesuppe

Zutaten
500 g weißer Spargel
1 l Gemüsebrühe
1 TL Zucker
3 EL Butter
30 g Mehl
125 g Sahne
1 Eigelb
1/2 unbehandelte Zitrone
Salz
Pfeffer aus der Mühle

Außerdem
Sieb
1 Bund Petersilie zum Garnieren

Den Spargel waschen, schälen und in 2 cm lange Stücke schneiden. Die Gemüsebrühe mit dem Zucker, 1 EL Butter und den Spargelabfällen aufkochen und ca. 20 Minuten bei schwacher Hitze köcheln lassen. Anschließend die Brühe durch ein Sieb gießen. Die Spargelstücke ca. 15 Minuten in der Brühe garen und danach wieder herausnehmen. Die restliche Butter schmelzen und das Mehl einrühren. Die Spargelbrühe nach und nach zu der Mehlschwitze gießen und ca. 15 Minuten köcheln lassen. Dann die Sahne und das Eigelb gut miteinander verquirlen, in die Suppe einrühren und alles erhitzen, aber nicht mehr kochen lassen. Die Zitrone waschen, die Schale dünn abreiben und die Zitronenhälfte auspressen. Schließlich die Spargelstücke wieder in die Suppe geben und mit Salz, Pfeffer, Zitronensaft und Zitronenschale abschmecken.
Mit der gewaschenen, trocken geschüttelten und gehackten Petersilie bestreuen und servieren.

Grüne Spargelcremesuppe

Zutaten
400 g grüner Spargel
Salz
1 Bund Petersilie
1 Zucchini
1 große Zwiebel
2 EL Sonnenblumenöl
300 ml Gemüsebrühe
Pfeffer aus der Mühle
200 g Sahne

Außerdem
Schaumkelle
Eiswürfel
Sieb
Mixer

Den Spargel waschen, das untere Drittel schälen und die holzigen Enden abschneiden. In kochendem Salzwasser 5 Minuten bissfest garen.
Mit einer Schaumkelle herausheben, in Eiswasser abschrecken und in einem Sieb abtropfen lassen, dann klein schneiden. Die Petersilie waschen und die Blätter von den Stielen zupfen. Die Zucchini waschen, putzen und würfeln. Die Zwiebel schälen und klein schneiden.
Das Sonnenblumenöl in einem Topf erhitzen. Die Zwiebeln und die Zucchini darin anbraten. Mit der Brühe ablöschen und 15 Minuten köcheln lassen. Die Petersilie und die Spargelstücke hinzufügen und alles in einem Mixer fein pürieren. Mit Salz und Pfeffer abschmecken. Die Spargelsuppe nochmals kurz erwärmen und in tiefen Schalen anrichten.
Die Sahne kurz vor dem Servieren in die Suppe geben.

Tipp: Damit die Suppe besonders kräftig grün wird, zusammen mit den anderen Zutaten 100 g gewaschenen Spinat pürieren.

Exotische Spargelsuppe

Zutaten
3 getrocknete Mu-Err-Pilze
500 g grüner Spargel
1,5 l Geflügelbrühe
1 EL Speisestärke
1–2 EL Sojasauce
200 g gekochte Flusskrebsschwänze oder Krabben
Salz
Pfeffer

Außerdem
Schneebesen
frischer Koriander zum Garnieren

Die Mu-Err-Pilze ca. 20 Minuten in heißem Wasser einweichen, danach etwas ausdrücken und in Streifen schneiden. Den Spargel waschen, das untere Ende abschneiden. Die Spargelstangen in 3 cm lange Stücke schneiden.
Die Brühe in einem Topf erhitzen, 1 Tasse abnehmen und die Speisestärke darin mit 1 EL Sojasauce glatt rühren. Diese Mischung mit einem Schneebesen wieder unter die Brühe rühren, den Spargel hinzufügen und das Ganze ca. 6 Minuten kochen lassen, bis der Spargel bissfest ist.
Die Flusskrebsschwänze oder Krabben sowie Mu-Err-Pilze hinzufügen und ca. 1 Minute ziehen lassen (nicht mehr kochen!).
Die Suppe mit der restlichen Sojasauce, Salz und Pfeffer abschmecken und mit etwas frischem Koriander bestreut servieren.

Tipp: Statt der Mu-Err-Pilze können auch frische Austernpilze oder Champignons verwendet werden.

Spargel-Sellerie-Schaumsüppchen

Zutaten
500 g Spargel
Salz
200 g Sellerieknolle
100 ml Weißwein
200 g Sahne
1 Msp. Chilipulver

Außerdem
Pürierstab
Kerbel zum Garnieren
4 gekochte, grüne Spargelköpfe

Den Spargel waschen, schälen und die holzigen Enden abschneiden. In kochendem Salzwasser 10 Minuten garen. Den Spargelfond beiseitestellen. Die Stangen in kleine Stücke schneiden. Den Sellerie schälen, klein schneiden und in Salzwasser dünsten, bis er weich und das Wasser verdampft ist. Weißwein, Spargel, Sellerie und 300 ml Spargelfond mit einem Pürierstab fein pürieren. Die Sahne steif schlagen. Die Suppe aufkochen und mit Salz und Chili abschmecken. Kurz vor dem Anrichten die geschlagene Sahne dazugeben und mit dem Pürierstab schaumig schlagen. Mit Kerbelblättchen und grünen Spargelköpfen garnieren.

Tipp: Wer mag, gibt dünn geschnittene Scheiben Rinderfilet in die heiße Suppe.

Spargelcremesuppe mit Walnusskernen

Zutaten
500 g grüner Spargel
Salz
2 Schalotten
60 g Walnusskerne
2 EL Butter
300 g Sahne
400 ml Gemüsebrühe
Pfeffer aus der Mühle

Außerdem
Schaumkelle
Eiswürfel
Sieb
Mixer
3 EL Walnussöl zum Garnieren

Den Spargel waschen, das untere Drittel schälen und die holzigen Enden abschneiden. In kochendem Salzwasser 5 Minuten bissfest garen.
Mit einer Schaumkelle herausheben, in Eiswasser abschrecken und in einem Sieb abtropfen lassen.
In der Zwischenzeit die Schalotten schälen und würfeln. Die Walnusskerne grob hacken und in einem großen Topf ohne Fett unter Wenden anrösten. Die Butter und die Schalotten hinzufügen und darin glasig dünsten. Mit der Sahne ablöschen, aufkochen lassen und 8 Minuten köcheln lassen.
Vom Spargel die Köpfe abschneiden und beiseitelegen. Den restlichen Spargel mit der Gemüsebrühe im Mixer pürieren und dann in die Walnusssahne geben. Die Suppe aufkochen lassen und mit Salz und Pfeffer abschmecken. Die Suppe in tiefen Tellern anrichten und die Spargelköpfe jeweils in die Mitte geben. Das Walnussöl darüberträufeln.

Tipp: Walnusskerne und -öl lassen sich hervorragend durch Kürbiskerne und -öl ersetzen.

Spargel-Parmesan-Soufflés

Zutaten
300 g grüner Spargel
Salz
2 TL Butter
40 g Mehl
125 g Sahne
4 Eier
Pfeffer aus der Mühle
1–2 TL Zitronensaft

Außerdem
Schaumkelle
Eiswürfel
Sieb
Mixer
4 Souffléförmchen
je 3 EL flüssige Butter und Paniermehl für die Förmchen

Den Spargel waschen. Das untere Drittel schälen, um die holzigen Enden kürzen und klein schneiden. In kochendem Salzwasser 5 Minuten bissfest garen. Mit einer Schaumkelle herausheben, in Eiswasser abschrecken und in einem Sieb abtropfen lassen. Den Spargelfond beiseitestellen. 4 Spargelköpfe längs halbieren und für die Dekoration beiseitelegen. Die restlichen Spargelstücke in einem Mixer mit 50 ml Spargelfond pürieren.
Den Backofen auf 180 Grad vorheizen. In einem Topf die Butter zerlassen, das Mehl einrühren. 1 Minute unter Rühren anschwitzen, mit der Sahne und 150 ml Spargelkochwasser ablöschen. So lange köcheln lassen, bis die Sauce eindickt. Etwas abkühlen lassen. Das Spargelpüree mit der Sauce verrühren. Die Eier trennen. Eigelb und Spargelpüree gut vermischen. Mit Salz, Pfeffer und Zitronensaft abschmecken. Das Eiweiß mit 1 Prise Salz sehr steif schlagen. Den Eischnee vorsichtig unter die Spargelmischung ziehen. 4 Förmchen mit der Butter einfetten und mit dem Paniermehl ausstreuen. Die Soufflémasse bis 2 cm unter den Rand in die Souffléförmchen einfüllen, anschließend bis zur halben Höhe in ein 90 Grad heißes Wasserbad stellen. Im vorgeheizten Backofen 25–30 Minuten backen, bis das Soufflé aufgegangen ist. Den Backofen erst nach dem Backen für 2 Minuten einen Spalt öffnen, dann die Förmchen herausholen, abkühlen lassen und mit den Spargelköpfen dekorieren.

Zutaten
800 g grüner Spargel
8 EL Olivenöl
12 Kirschtomaten
2 Schalotten
4 EL Balsamicoessig
Salz
Pfeffer aus der Mühle

Außerdem
Parmesan nach Belieben

Lauwarmer Tomaten-Spargel-Salat

Den Spargel waschen, putzen, von den holzigen Enden befreien und in mundgerechte Stücke schneiden. Mit 3 EL Olivenöl in einer großen Pfanne bissfest andünsten. Dann in eine große Schüssel geben. Die Tomaten waschen und vierteln, die Schalotten schälen und in kleine Würfel schneiden.
In einer Pfanne 2 EL Olivenöl erhitzen und zunächst die Schalottenwürfel glasig anbraten, dann kurz die Tomatenviertel dazugeben, bis sie ein bisschen Temperatur angenommen haben. Alles zu den Spargelstückchen geben.
Aus den restlichen 3 EL Olivenöl und dem Balsamicoessig eine Salatsauce anrühren, mit Salz und Pfeffer abschmecken und über die Tomaten-Spargel-Mischung gießen.
Nach Belieben Parmesan darüber hobeln und noch lauwarm servieren.

Tipp: Man kann auch noch 1 EL Pinienkerne kurz ohne Fett anrösten und über den Salat geben.

Salat von gegrilltem Spargel

Zutaten
1 kg grüner Spargel
Salz
4 EL Olivenöl
Pfeffer
4 EL Pinienkerne
2 EL frisch gepresster Orangensaft
1 EL frisch geriebene Orangenschale
1–2 EL Balsamico

Außerdem
Sieb
8 EL frisch gehobelter Pecorino zum Garnieren

Die holzigen unteren Enden vom Spargel entfernen. Den Spargel in kochendem Salzwasser 2 Minuten blanchieren, abgießen und mit eiskaltem Wasser abschrecken. In einem Sieb abtropfen lassen und mit einem Tuch trocken tupfen.
Den Grill anheizen. Die Spargelstangen von allen Seiten mit Olivenöl bestreichen und mit Salz und Pfeffer würzen.
Den Spargel quer zum Gitter auf den Grillrost legen und unter Wenden so lange grillen (ca. 5 Minuten), bis er von allen Seiten leicht gebräunt ist und sich kleine Bläschen entwickeln. Anschließend beliebig halbieren.
Die Pinienkerne in einer Pfanne ohne Fett kurz anrösten. Restliches Olivenöl mit Orangensaft und -schale sowie Balsamico verrühren, mit Salz und Pfeffer würzen. Den Spargel damit beträufeln und vorsichtig durchmengen. Auf Tellern anrichten, mit Pecorino und Pinienkernen bestreut servieren.

Tipp: Frisches Steinofenbaguette in Scheiben schneiden, mit etwas Olivenöl bestreichen, kurz angrillen und zu dem Spargelsalat servieren.

Spargelsalat mit Lachs

Zutaten
1 kg frischer grüner Spargel
Salz
1 Prise Zucker
250 g geräucherter Lachs
1/2 Bund Frühlingszwiebeln
250 g Rucola
4 EL Zitronensaft
4 EL Olivenöl
Pfeffer aus der Mühle

Außerdem
Salatschleuder
Sieb

Den Spargel gründlich waschen, die holzigen Enden abschneiden und dickere Stangen unten schälen. Dann in Stücke schneiden und in leicht kochendem Salzwasser mit etwas Zucker gut 10 Minuten gar, aber nicht weich kochen. Aus dem Wasser nehmen und in einem Sieb abtropfen lassen.
Den Lachs in dünne Streifen schneiden.
Die Frühlingszwiebeln putzen, waschen und in kleine Ringe schneiden.
Den Rucola waschen und trocken schleudern.
Aus Zitronensaft, Öl, Pfeffer und Salz eine Salatsauce herstellen und mit Rucola, Lauchzwiebeln und Spargel mischen.
Zum Schluss die Lachsstreifen unterheben und den Salat sofort servieren.

Spargelsalat mit Scampi und Vanilleöl

Zutaten

Für das Vanilleöl

ausgeschabtes Mark von 2 Vanilleschoten

100 ml Sonnenblumenöl

Für den Salat

14 Stangen grüner Spargel

Salz, Zucker

1 Kopf Friséesalat

24 große Spinatblätter

4 große Radicchioblätter

1 Bund Kerbel

1/2 Bund glatte Petersilie

12 Kirschtomaten

Pfeffer aus der Mühle

12 große, geschälte Scampi

4 EL Olivenöl

Zitronenpfeffer

Für das Dressing

7 EL Olivenöl

Saft von 1 Zitrone

Zucker, Salz, Pfeffer

Für das Vanilleöl das Vanillemark sorgfältig mit dem Sonnenblumenöl verrühren, mit Frischhaltefolie abdecken und etwa 2 Tage ziehen lassen. Für den Salat den Spargel von den holzigen Enden befreien und in Salzwasser mit einer kleinen Prise Zucker bissfest garen. Abgießen und abtropfen lassen. Frisée, Spinat und Radicchio verlesen, waschen und trocken schleudern. Frisée und Radicchio in mundgerechte Stücke zupfen und mit dem Spinat in eine Salatschüssel geben. Kerbel und Petersilie waschen, trocken schütteln und die Blättchen abzupfen.

Einige Kerbelblättchen zum Dekorieren beiseitestellen. Die Petersilie fein hacken und mit den restlichen Kerbelblättern unter den Salat mischen. Die Kirschtomaten waschen, trocknen, halbieren oder vierteln und zum Salat geben. Die Zutaten für das Dressing verrühren und mit etwas Salz und Pfeffer aus der Mühle abschmecken. Die Scampi von dem schwarzen Darm am Rücken befreien, waschen, trocknen und in dem heißen Olivenöl auf jeder Seite 1–2 Minuten durchbraten. Mit etwas Salz und Zitronenpfeffer würzen.

Das Dressing über den Salat geben, alles gut durchmengen und auf Teller verteilen.

Die Spargelstangen und die Scampi dekorativ auf den Salatbetten anrichten, das Ganze mit dem Vanilleöl beträufeln und mit den Kerbelblättchen bestreut servieren.

Spargel-Artischocken-Salat

Zutaten

Für den Salat

250 g grüner Spargel
4 Artischockenherzen (Glas)
3 EL Olivenöl
1 TL Zitronensaft
2 Eier
300 g Feldsalat

Für die Mayonnaise

2 unbehandelte Orangen
1 TL Zucker
2 Eigelb
2 TL Senf
150 ml Olivenöl
Salz, Pfeffer
Cayennepfeffer

Außerdem

Salatschleuder
Sieb
Zestenreißer

Den Spargel waschen, das untere Drittel schälen, die holzigen Enden abschneiden und die Stangen schräg in dünne Scheiben schneiden.
Die Artischockenherzen abtropfen lassen und vierteln. Das Öl erhitzen, die Spargelscheiben darin bei mittlerer Hitze unter Rühren 5–6 Minuten anbraten. Dann die Artischocken und den Zitronensaft unterrühren.
Die Eier ca. 6–8 Minuten lang kochen, bis sie hart sind.
Den Feldsalat putzen, waschen und trocken schleudern.
Für die Mayonnaise 1 Orange heiß abwaschen. Mit einem Zestenreißer die Schale in Streifen abziehen. Beide Orangen auspressen. Den Saft mit Zucker und Orangenzesten auf gut 2 EL einkochen und erkalten lassen. Dann durch ein Sieb gießen und die Zesten beiseitestellen. Den Saft mit Eigelb und Senf in eine Schüssel geben und mit dem Schneebesen gut verrühren. Unter Rühren das Öl erst tropfenweise, dann im dünnen Strahl zugießen. Rühren, bis die Masse schön fest ist. Einige Orangenzesten unter die Mayonnaise heben. Mit Salz, Pfeffer und Cayennepfeffer abschmecken.
Den Feldsalat auf Teller geben, Spargel-Artischocken-Salat anrichten, die Eier pellen, halbieren und dazugeben. Abschließend etwas Orangenmayonnaise als Dressing hinzufügen und mit den restlichen Zesten dekorieren.

Spargel-Joghurt-Sülze mit Räucherlachs

Zutaten
500 g grüner Spargel
Salz
12 Blatt Gelatine
450 g Naturjoghurt
150 g Sahne
150 g Crème fraîche
1/2 Bund Schnittlauch
1 Bund Dill
1 Knoblauchzehe
Salz, Pfeffer
100 g Räucherlachs in Scheiben

Außerdem
Schaumkelle
Eiswürfel
Sieb
kleine Terrinenform (1 l)
Frischhaltefolie

Den Spargel waschen, das untere Drittel schälen und die holzigen Enden abschneiden. In kochendem Salzwasser 8 Minuten garen. Mit einer Schaumkelle herausheben, in Eiswasser abschrecken und in einem Sieb abtropfen lassen. Dabei etwas Spargel zum Verzieren beiseitestellen.
Die Gelatine in kaltem Wasser einweichen. Joghurt, Sahne und Crème fraîche in einer Schüssel vermischen. 4 EL von der Mischung in einem kleinen Topf erwärmen. Die Gelatine gut ausdrücken und darin unter Rühren auflösen. Die Kräuter waschen und klein schneiden. Etwas Dill beiseitelegen. Den Knoblauch schälen und fein würfeln. Zusammen mit der aufgelösten Gelatine in die Joghurtmasse rühren. Mit Salz und Pfeffer würzen.
Die Terrinenform innen befeuchten und mit Frischhaltefolie glatt auskleiden. Den Spargel quer halbieren und den Lachs in kleine Streifen schneiden. Beides jeweils mit 2–3 EL Joghurtmasse verrühren, sodass vorab etwas Bindung entstehen kann. Abwechselnd Lachs, Joghurtmasse und Spargel in die Form schichten, bis die Form gefüllt ist. Die Spargel-Lachsterrine 9 Stunden im Kühlschrank fest werden lassen. Danach kann die Terrine vorsichtig gestürzt werden. Mit Spargel und Dill garnieren und die Spargel-Lachsterrine mit einem scharfen Messer aufschneiden.

Geschichtetes Lachs-Spargel-Tatar

Zutaten
400 g grüner Spargel
Salz
je 1/2 Bund Kerbel und Dill
4 EL Olivenöl
Pfeffer aus der Mühle
250 g Doppelrahmfrischkäse
2 EL Sahne
400 g Räucherlachsfilet ohne Haut
1–2 EL Zitronensaft

Außerdem
Eiswürfel
Dillspitzen und Heringskaviar zum Garnieren

Den Spargel waschen, das untere Drittel schälen und die holzigen Enden abschneiden. In kochendem Salzwasser 5 Minuten bissfest garen. Anschließend in Eiswasser abschrecken und gut abtropfen lassen.
Die Spargelköpfe abschneiden und beiseitelegen. Die Kräuter waschen, trocken tupfen und die Blätter von den Zweigen zupfen. Den Spargel mit 2 EL Olivenöl und dem Kerbel pürieren und mit Salz und Pfeffer würzen.
Dill, Frischkäse und Sahne verrühren und ebenfalls mit Salz und Pfeffer würzen. Das Spargelpüree und die Frischkäsemischung in den Kühlschrank stellen. Den Lachs waschen und trocken tupfen. Den Fisch in sehr kleine Würfel schneiden und in einer Schüssel mit dem restlichen Olivenöl und dem Zitronensaft mischen. Die vorbereiteten Mischungen abwechselnd in 4 hohe Gläser schichten. Mit halbierten Spargelspitzen, Dill und Kaviar dekorieren.

Tipp: Wer es gerne etwas würziger mag, tauscht den Doppelrahmfrischkäse gegen Ziegenfrischkäse aus.

Spargelmousse mit Pinienkernen

Zutaten
5 Blatt Gelatine
500 g grüner Spargel
Salz
2 EL Butter
1 EL Mehl
weißer Pfeffer
3 EL Zitronensaft
200 g Sahne
2–3 EL Olivenöl

Außerdem
Schaumkelle
Eiswürfel
Sieb
Pürierstab
4 Timbaleförmchen (à 100 ml)
Frischhaltefolie
Dillblüten zum Garnieren
40 g Pinienkerne zum Garnieren

Die Gelatineblätter in kaltem Wasser einweichen. Den Spargel waschen, das untere Drittel schälen und die holzigen Enden abschneiden. Die Spargelköpfe in 5–6 cm Länge abschneiden und in kochendem Salzwasser ca. 3 Minuten bissfest garen. Mit einer Schaumkelle herausheben, in Eiswasser abschrecken und in einem Sieb abtropfen lassen.
Den restlichen Spargel in Butter anschwitzen. Mit Mehl bestäuben, mit 100 ml Spargelfond ablöschen und ca. 8 Minuten köcheln lassen.
Den Spargel pürieren und durch ein Sieb passieren. Die Gelatine gut ausdrücken und in dem warmen Spargelpüree auflösen. Spargelpüree mit Salz, Pfeffer und 1 EL Zitronensaft abschmecken. Auf Zimmertemperatur abkühlen lassen.
Die Sahne leicht aufschlagen und unter das Püree heben. Die Formen innen anfeuchten und mit Frischhaltefolie auskleiden. Das Spargelmousse darin verteilen und für 4 Stunden im Kühlschrank fest werden lassen.
In der Zwischenzeit die Spargelköpfe in dem Olivenöl und dem restlichen Zitronensaft marinieren. Die Pinienkerne in einer trockenen Pfanne anrösten. Die Mousse aus den Förmchen jeweils auf einen Teller stürzen und mit marinierten Spargelspitzen, Dillblüten und Pinienkernen garnieren.

Tipp: Damit die Mousse schön glatt und feinporig wird, das Spargelpüree sehr gründlich pürieren und die Sahne nicht zu steif aufschlagen.

Ofen- & Pfannengerichte

Praktisch sind sowohl Pfannen- als auch Ofengerichte mit Spargel. Mit der Pfanne geht es schneller, bei der Zubereitung im Ofen hat man Zeit für viele andere Dinge. Vor allem aber sind Gerichte wie Quiche, Tortilla oder Crespelle sowohl heiß als auch kalt überaus schmackhaft.

Zutaten

Für den Teig

200 g Mehl
1 Ei
1 Prise Salz
5–6 EL kalte Milch
80 g kalte Butter

Für den Belag

1–2 TL Salz, 1 TL Zucker
500 g grüner Spargel
150 g Räucherlachs
1/2 Bund Dill
1/2 Bund Petersilie
1 EL Zitronensaft
weißer Pfeffer

Für den Guss

4 Eier
100 g Sahne
100 g Crème fraîche
Salz, weißer Pfeffer

Spargelquiche

Für den Teig aus Mehl, Ei, Salz, Milch und Butter einen glatten Mürbeteig zubereiten, auf etwas Mehl rund ausrollen, in die mit Backpapier ausgelegte Form geben und einen Rand von 3–4 cm festdrücken. Den Boden mehrmals mit einer Gabel einstechen und etwa 45 Minuten kühl stellen.
Für den Belag in einem Topf reichlich Wasser mit Salz und Zucker zum Kochen bringen. Den Spargel waschen. Die holzigen Enden entfernen, die Stangen in 4 cm lange Stücke schneiden und im sprudelnden Wasser etwa 1 Minute blanchieren. In einer Schüssel mit eiskaltem Wasser abschrecken und abtropfen lassen.
Den Lachs in Streifen schneiden. Dill und Petersilie waschen, trocken schütteln, fein hacken und mit dem Lachs mischen. Mit Zitronensaft und Pfeffer abschmecken.
Für den Guss Eier, Sahne und Crème fraîche verrühren, salzen und pfeffern.
Den Backofen auf 180 Grad vorheizen. Den Teigboden mit Spargel auslegen, darauf den Lachs verteilen und darüber den übrigen Spargel geben. Die Eiersahne darübergießen und im Backofen etwa 45 Minuten goldbraun backen. Vor dem Anschneiden etwa 10 Minuten ruhen lassen.

Gebratener Spargel mit Schinken und Ei

Zutaten
je 400 g weißer und grüner Spargel
Salz
8 Eier
4 Knoblauchzehen
100 g Schinkenspeck
1 EL Butter

Außerdem
Eiswürfel
Schaumkelle

Den weißen Spargel ganz, beim grünen Spargel das untere Drittel schälen. Von beiden Spargelsorten die holzigen Enden abschneiden. In kochendem Salzwasser zuerst den weißen Spargel 15 Minuten garen. Den grünen Spargel nach 8 Minuten hinzufügen. Die Stangen mit einer Schaumkelle herausnehmen, in Eiswasser abschrecken und gut abtropfen lassen.
In der Zwischenzeit die Eier 5–6 Minuten kochen, abschrecken und pellen. Den Knoblauch schälen. Den Schinkenspeck und den Knoblauch zuerst in dünne Scheiben, dann in Stifte schneiden. Die Butter in einer großen Pfanne erhitzen. Den Speck hinzufügen und darin auslassen. Den Spargel und den Knoblauch ebenfalls hinzufügen und anbraten. Zusammen mit den Eiern in länglichen Schälchen anrichten.

Tipp: Dazu schmecken würzige Bratkartoffeln oder zarte Butterkartoffeln.

Spargel-Erbsen-Tortilla mit Krabben

Zutaten

Für die Tortilla
150 g tiefgekühlte Erbsen
500 g weißer Spargel
Salz
8 Eier
40 g Sahne
Pfeffer aus der Mühle
120 g Frühstücksspeck
30 g Butter

Für den Salat
4 Tomaten
2 Basilikumzweige
200 g Nordseekrabben
2 EL Weißweinessig
4 EL Olivenöl
Salz
Pfeffer aus der Mühle

Für die Tortilla die Erbsen auftauen lassen. In der Zwischenzeit den Spargel schälen und die holzigen Enden abschneiden. Den Spargel in kochendem Salzwasser 12 Minuten garen. Die Eier mit der Sahne verrühren und mit Salz und Pfeffer würzen.

Den Spargel gut abtropfen lassen und mit Küchenpapier trocken tupfen. Den Frühstücksspeck in einer großen beschichteten Pfanne dicht nebeneinander auslegen. Die Spargelstangen darauf gleichmäßig verteilen. Die Butter in Flöckchen zwischen die Spargelstangen geben.

Die Pfanne erhitzen, die Eiermasse über den Spargel gießen und bei geringer Hitze 3–4 Minuten stocken lassen. Die aufgetauten Erbsen auf der Oberfläche verteilen. Sobald die Ränder fest werden, die Tortilla mit einem Pfannenwender vorsichtig umdrehen und 2–3 Minuten fertig braten. Auf ein Schneidebrett geben und abkühlen lassen.

Für den Salat die Tomaten waschen, putzen und in kleine Würfel schneiden. Das Basilikum waschen, trocken tupfen und die Blätter in kleine Stücke zupfen. Tomaten, Basilikum und Krabben mischen.

Mit Essig und Olivenöl marinieren. Mit Salz und Pfeffer würzen.

Den Tomaten-Krabbensalat zu der aufgeschnittenen Tortilla reichen.

Zutaten
1 kg grüner Spargel
300 g weißer Spargel
Salz
230 g Butter
3 Eigelb
100 ml Weißwein
Pfeffer aus der Mühle
2 Spritzer Zitronensaft

Außerdem
Sieb
Butter für die Form
Auflaufform

Spargelgratin grün-weiß

Beide Spargelsorten waschen, schälen und die holzigen Enden abschneiden. Die Auflaufform buttern. Einen großen Topf mit Salzwasser und 30 g Butter zum Kochen bringen. Den weißen Spargel darin 15 Minuten kochen. Den grünen Spargel 9 Minuten später hinzufügen. Den Backofen auf 200 Grad vorheizen. In der Zwischenzeit die restliche Butter in einem kleinen Topf vorsichtig erhitzen. Das Eigelb mit dem Wein verrühren und über einem heißen Wasserbad schaumig schlagen. Den Eischaum vom Herd nehmen, weiter rühren und die flüssige Butter dabei in einem dünnen Strahl hineinlaufen lassen, bis eine gebundene Sauce hollandaise entsteht. Den Bodensatz der Butter dabei zurückhalten und nicht in die Sauce rühren. Mit Salz, Pfeffer und Zitronensaft abschmecken. Die Spargelstangen in einem Sieb abtropfen lassen und dann in die gebutterte Auflaufform geben. Die Sauce hollandaise über die Spargelstangen gießen und im vorgeheizten Backofen 20 Minuten auf mittlerer Schiene backen. Das Spargelgratin aus dem Backofen nehmen und sofort servieren.

Omelett mit grünem Spargel

Zutaten
800 g grüner Spargel
Salz
1 Bund Basilikum
8 Eier
6 EL Sahne
Pfeffer aus der Mühle
200 g geriebener Gouda

Außerdem
Eiswürfel
rundes Pizzablech (25 cm ∅)
Öl für das Blech
Zitronenspalten zum Garnieren

Den Spargel waschen, das untere Drittel schälen und die holzigen Enden entfernen. In kochendem Salzwasser 5 Minuten bissfest garen. Dann herausnehmen, in Eiswasser abschrecken und gut abtropfen lassen.
Den Backofen auf 180 Grad vorheizen.
Das Basilikum waschen und trocken tupfen. Bis auf eine kleine Menge für die Garnitur die Blätter von den Zweigen zupfen und in Streifen schneiden. Die Eier mit der Sahne verquirlen und mit Salz und Pfeffer würzen. Das Pizzablech mit Öl fetten. Ein Drittel der Eiermasse hineinfüllen und die Basilikumstreifen darüber verteilen. Im vorgeheizten Backofen 5 Minuten stocken lassen. Herausnehmen und mit den Spargelstangen gleichmäßig belegen. Die restliche Eiermasse gleichmäßig darübergießen. Den geriebenen Käse darüber streuen und das Omelett im Backofen 12 Minuten backen. Das Omelett stürzen und in Streifen schneiden. Mit Zitronenspalten und Basilikum garnieren.

Tipp: Für Fleischliebhaber einige Streifen Kochschinken in das Omelett geben.

Tomaten-Spargel-Quiche

Zutaten
1 kg grüner Spargel
Salz
1 TL Butter
1 TL Zucker
300 g Blätterteig
1/2 Bund Basilikum
4 Eier
300 ml Crème fraîche
Pfeffer aus der Mühle
8 Kirschtomaten

Außerdem
Butter für die Förmchen
4 Quicheförmchen
Alufolie

Den Spargel waschen, das untere Drittel schälen und von den holzigen Enden befreien. In Salzwasser mit der Butter und dem Zucker ca. 5 Minuten lang bissfest kochen. Abtropfen und abkühlen lassen, in mundgerechte Stücke schneiden. Den Blätterteig ausrollen und in vier gleich große Quadrate teilen. Die gebutterten Förmchen mit dem Teig auslegen, dann den Teigboden mit einer Gabel regelmäßig einstechen. Mindestens 10 Minuten kalt stellen. Das Basilikum waschen und trocken tupfen. Einige Blättchen für die Garnitur beiseitelegen, den Rest fein hacken. Eier, Crème fraîche, Salz und Pfeffer verrühren. Das gehackte Basilikum unterziehen und den Guss auf dem Teigboden verteilen. Die Tomaten waschen, in gleichmäßige Scheiben schneiden und leicht salzen. Zusammen mit dem Spargel dekorativ auf dem Guss anordnen. Die Spargelquiche im auf 200 Grad vorgeheizten Backofen auf der mittleren Schiene 30–35 Minuten lang backen. Sollte die Oberfläche zu schnell stark bräunen, mit Alufolie abdecken. Vor dem Servieren mit Basilikum garnieren.

Tipp: Eine ideale Ergänzung sind auch ein paar gehackte schwarze Oliven, die man kurz vor Ende der Garzeit über die Quiche streut.

Crespelle mit Spargel-Schinken-Käse-Füllung

Zutaten

Für den Teig
- 130 g Buchweizenmehl
- 4 Eier
- 250 ml Milch
- 40 g flüssige Butter
- 1 Prise Salz

Für die Füllung
- 500 g grüner Spargel
- Salz, Pfeffer
- 300 g Hüttenkäse
- 40 g geriebener Parmesan
- Muskatnuss
- 8 Scheiben Kochschinken
- 50 g geriebener Greyerzer

Für die Senfsauce
- 20 g Butter
- 15 g Mehl
- 300 ml Milch
- 30 ml Portwein
- Salz, Pfeffer
- 3 EL Dijonsenf

Aus Mehl, Eiern, Milch und flüssiger Butter einen Teig anrühren. Salz zufügen und mindestens 30 Minuten quellen lassen. Anschließend erneut durchrühren.

Für die Füllung den Spargel waschen, das untere Drittel schälen und die holzigen Enden abschneiden.

In kochendem Salzwasser 5 Minuten garen. Dann abschrecken und gut abtropfen lassen.

Den Hüttenkäse mit dem Parmesan verrühren. Mit Salz, Pfeffer und Muskatnuss kräftig abschmecken. Den Backofen auf 180 Grad vorheizen.

In einer beschichteten Pfanne mit heißer Butter nacheinander 8 Crêpes backen. Die fertigen Crêpes jeweils mit 1 Scheibe Kochschinken belegen. Den angerührten Hüttenkäse darauf verstreichen und mit den Spargelstangen belegen. Die Crêpes fest aufrollen und in eine große gebutterte Auflaufform setzen. Mit dem geriebenen Greyerzer bestreuen und im vorgeheizten Backofen 10 Minuten überbacken.

Für die Sauce die Butter in einem Topf erhitzen. Das Mehl einstreuen und unter Rühren 3 Minuten anschwitzen. Mit der Milch und dem Portwein ablöschen und mit einem Schneebesen glatt rühren. Die Sauce unter Rühren aufkochen lassen, mit Salz und Pfeffer würzen und 8–10 Minuten bei geringer Hitze köcheln lassen. Den Senf einrühren und dann nicht mehr kochen lassen. Die Senfsauce zu den Crespelle reichen.

Zutaten
1 kg weißer Spargel
Salz
1 EL Zucker
1/2 Bund Majoran
200 g Schinkenspeck
200 ml Hühnerbrühe
250 g Greyerzer

Außerdem
Auflaufform
Butter für die Form

Überbackener Spargel mit Schinken

Den Spargel schälen und die holzigen Enden entfernen. Den Spargel in kochendem Salzwasser mit dem Zucker 10 Minuten garen, dann gut abtropfen lassen und in Stücke schneiden.
Den Majoran waschen, trocken tupfen, die Blättchen abzupfen und klein hacken. Den Backofen auf 180 Grad vorheizen. Den Schinkenspeck fein würfeln. Eine Auflaufform mit Butter einfetten. Den Spargel mit dem Schinkenspeck in der Form verteilen. Die Hühnerbrühe darübergießen. Den Majoran darüberstreuen und den Käse darüberreiben.
Im vorgeheizten Backofen 20 Minuten backen.

Tipp: Zum Überbacken von Spargel eignet sich auch eine Sauce hollandaise (siehe S. 44).

Lachs-Gemüsepfanne

Zutaten
400 g grüner Spargel
Salz
30 g Sesam
100 g feine Möhren (Glas)
je 1 gelbe, grüne und rote Paprikaschote
600 g Lachsfilet
2 EL Olivenöl
200 ml Fischfond
2 EL Misopaste
Pfeffer aus der Mühle
2 EL Butter

Außerdem
Eiswürfel
Sieb
Küchenpapier

Den Spargel waschen, das untere Drittel schälen und die holzigen Enden entfernen. In kochendem Salzwasser, je nach Stärke der Stangen, 5–7 Minuten garen. Dann in Eiswasser abschrecken und gut abtropfen lassen.
Den Sesam in einer trockenen Pfanne rösten. Die Möhren in einem Sieb abtropfen lassen. Die Paprikaschoten waschen, halbieren, entkernen und in schmale Streifen schneiden. Den Lachs waschen, mit Küchenpapier trocken tupfen und in Würfel schneiden.
2 EL Olivenöl in einer großen Pfanne erhitzen. Die Paprikastreifen darin 6–8 Minuten unter Wenden braten. Nach 4 Minuten die Möhren hinzufügen, alles mit dem Fischfond ablöschen und die Misopaste einrühren. Den Sesam und die halbierten Spargelstangen hinzufügen und darin erwärmen. Das Gemüse mit Salz und Pfeffer abschmecken.
Danach 2 EL Butter in einer Pfanne erhitzen. Die Lachswürfel darin rundherum 2 Minuten anbraten, mit Salz und Pfeffer würzen und zur Gemüsepfanne hinzufügen.

Tipp: Statt Lachs können Sie auch frischen Thunfisch oder Pangasius ausprobieren.

Zutaten
1,5 kg grüner Spargel
Salz
150 g geräucherter Schinkenspeck
2 EL Butter
150 g Ziegengouda
2 Eigelb
300 g Sahne
Pfeffer aus der Mühle

Außerdem
Schaumkelle
Eiswürfel
Sieb
Haushaltsreibe
Auflaufform

Spargelgratin mit Schinkenspeck

Den Backofen auf 200 Grad vorheizen. Den Spargel waschen, das untere Drittel schälen und die holzigen Enden abschneiden. In kochendem Salzwasser 5 Minuten bissfest garen. Mit einer Schaumkelle herausheben, in Eiswasser abschrecken und in einem Sieb abtropfen lassen.
Den Schinkenspeck würfeln und in der Butter kross anbraten.
Den Gouda fein reiben.
Den Spargel in eine große Auflaufform geben. Das Eigelb mit der Sahne verquirlen, salzen, pfeffern und über den Spargel gießen. Den Schinkenspeck und den geriebenen Gouda darauf verteilen.
Im vorgeheizten Backofen 15 Minuten überbacken und sofort servieren.

Vegetarisch

Für echte Spargelgenießer ist Spargel „ohne alles“ der reinste Genuss. Allein deshalb bietet sich das königliche Gemüse geradezu für Kochkreationen an, bei denen bewusst auf Fleisch, Geflügel, Fisch und Meerestiere verzichtet wird: Spargelsalat mit Ei, Spargelrisotto mit frischen Kräutern oder pur mit verschiedenen Saucen – ein köstlicher Gaumenschmaus ist stets garantiert.

Weißer Spargel mit verschiedenen Saucen

Zutaten
24 Stangen weißer Spargel
1 Prise Zucker
1 EL Butter

Sauce hollandaise
2 sehr frische Eier
1 EL Weißweinessig
150 g Butter
1 TL Zitronensaft
Salz
Pfeffer aus der Mühle

Frischkäse-Dill-Sauce
2 Bund Dill
200 g Frischkäse
2 EL Zitronensaft
2 Eigelb
125 ml Milch
2 EL Butter
Salz, Pfeffer
125 g Schlagsahne

Den Spargel schälen und die holzigen Enden abschneiden. In einen Topf mit kochendem Wasser geben, salzen, den Zucker und die Butter dazugeben. 12–15 Minuten garen lassen. Mit den Saucen servieren.

Sauce hollandaise

Die Eier trennen, das Eigelb mit 1 EL Wasser und Weißweinessig in einer kleinen Schüssel aufschlagen. Die Butter erhitzen und wieder abkühlen lassen. Mit einem Löffel den Schaum von der geschmolzenen Butter abnehmen. Die Schüssel mit der Eigelbmasse in ein heißes Wasserbad geben (nicht kochen).
Die erhitzte Masse so lange mit dem Schneebesen schlagen, bis sie dickflüssig wird. Nun die Butter vorsichtig unterrühren und mit Zitronensaft, Salz und Pfeffer abschmecken. Sofort servieren, da sich das Fett schnell vom Eigelb trennt. Ein besonderes Aroma erhält die Sauce hollandaise, wenn man statt des Wassers und des Weißweinessigs 2 EL trockenen Weißwein verwendet. Fruchtig scharf wird die Sauce, indem man noch 2–3 TL zerstoßenen roten Pfeffer hinzufügt.

Frischkäse-Dill-Sauce

Dill waschen und fein hacken. Frischkäse, Zitronensaft, Eigelb und Milch verrühren. Die Butter bräunen und mit dem Dill zu der Käsemasse dazugeben. Salzen und pfeffern. Die Sahne halbsteif schlagen und unterheben.

Spargelrisotto mit frischem Basilikum

Zutaten
400 g grüner Spargel
Salz aus der Mühle
4 EL frisch gehacktes Basilikum
3 EL Sahne
5 Frühlingszwiebeln
1 Zwiebel
4 EL Olivenöl
400 g Risottoreis
250 ml trockener Weißwein
1 l Gemüsebrühe
100 g frisch geriebener Parmesan
Pfeffer aus der Mühle

Außerdem
Mixer

Den Spargel waschen, die holzigen Enden abschneiden und die Stangen in 3–4 cm lange Stücke schneiden. Anschließend 2 Minuten in kochendem Salzwasser blanchieren, abgießen und den Sud auffangen. Den Spargel kalt abschrecken und gut abtropfen lassen. Dann die Hälfte vom Spargel (nicht die dekorativen Spitzen) mit 1 EL gehacktem Basilikum, der Sahne und 2–3 EL Spargelsud mit dem Mixstab zu einer cremigen Sauce pürieren und beiseitestellen. Die Frühlingszwiebeln putzen, waschen, trocknen und mit dem hellgrünen Lauch in 2 cm lange Stücke schneiden. Die Zwiebel schälen und fein würfeln. Das Olivenöl in einem großen Topf erhitzen und die Zwiebel darin glasig schwitzen, den Reis einstreuen und 2 Minuten dünsten. Die Frühlingszwiebeln dazugeben und 1 Minute anschwitzen, mit dem Weißwein ablöschen und mit 150 ml Spargelsud auffüllen. Unter ständigem Rühren einkochen, bis der Reis die Flüssigkeit aufgenommen hat. Mit der Brühe ebenso verfahren, bis sie verbraucht, der Reis aber noch bissfest ist. Die Spargelsauce unterheben und den Risotto auf kleinster Flamme 10 Minuten ziehen lassen. Danach den restlichen Spargel, das restliche Basilikum und die Hälfte vom Parmesan unterziehen, mit Salz und Pfeffer würzen und sofort servieren. Den restlichen Parmesan dazu reichen.

Zutaten
1 große Tomate
2 kleine Zwiebeln
1 Bund Schnittlauch
20 Stangen weißer Spargel
Salz
1 Prise Zucker
2 EL Butter
Saft von 1/2 Zitrone
2 EL Olivenöl
6 EL Balsamicoessig
6 EL Walnussöl
1 EL Ahornsirup
6 Eier
3 EL Mehl
100 g Paniermehl
4 EL Rapsöl

Außerdem
Küchenpapier

Spargelsalat mit gebackenem Ei

Die Tomate einritzen, kurz überbrühen, kalt abschrecken und häuten. Dann das Fruchtfleisch vierteln, entkernen und in kleine Würfel schneiden. Die Zwiebeln schälen und ebenfalls in feine Würfel schneiden. Den Schnittlauch waschen, trocken schütteln und in feine Röllchen schneiden. Den Spargel schälen und die holzigen Enden abschneiden. In einem großen Topf Salzwasser mit 1 Prise Zucker zum Kochen bringen und den Spargel darin bei mittlerer Hitze ca. 15 Minuten bissfest garen.
Inzwischen die Zwiebeln in 2 EL Butter glasig dünsten und mit Zitronensaft, Olivenöl und Essig ablöschen. Etwas einkochen lassen, vom Herd nehmen und abkühlen lassen.
Das Walnussöl mit 1 EL Ahornsirup mischen und zusammen mit den Tomatenwürfeln und den Schnittlauchröllchen mischen. 4 Eier ca. 5 Minuten kochen, kalt abschrecken und vorsichtig pellen. Die Eier in 3 EL Mehl wenden, durch 2 verquirlte Eier ziehen und dann im Paniermehl rollen. Den Paniervorgang wiederholen. Das Rapsöl erhitzen und die Eier von allen Seiten goldbraun ausbacken. Auf Küchenpapier abtropfen lassen. Den Spargel auf Teller verteilen. Anschließend mit der lauwarmen Vinaigrette übergießen und die Eier darauf anrichten.

Zutaten
600 g Kartoffeln
Salz
800 g grüner Spargel
1 Bund Dill
1 Bund Schnittlauch
50 g Sahne
250 g Magerquark
Pfeffer aus der Mühle
einige Spritzer Tabasco

Außerdem
Schaumkelle
Sieb
Zwiebelringe zum Garnieren

Grüner Spargel mit Kartoffeln und Quark

Die Kartoffeln waschen und in Salzwasser 20–30 Minuten kochen.
In der Zwischenzeit den Spargel waschen, das untere Drittel schälen und die holzigen Enden abschneiden.
In Salzwasser 5 Minuten bissfest kochen. Mit einer Schaumkelle herausheben und in einem Sieb abtropfen lassen.
Die Kräuter waschen, trocken tupfen und klein schneiden, eine kleine Menge zum Garnieren beiseitelegen. Den Rest in einer Schüssel mit der Sahne und dem Quark glatt rühren. Mit Salz, Pfeffer und Tabasco würzig abschmecken.
Die Kartoffeln in Spalten schneiden und mit dem Spargel auf Tellern anrichten. Den Kräuterquark über den Spargel und die Kartoffeln geben. Mit den Zwiebelringen und den restlichen Kräutern garnieren.

Spargel mit pochiertem Ei und Kartoffeln

Zutaten
2 Tomaten
500 g Frühkartoffeln
Salz
600 g Spargel
1 EL Zucker
300 g grüne Bohnen
8 EL Weißweinessig
4 Eier
2 Lauchzwiebeln
2 EL grober Dijonsenf
3 EL Rapsöl
Pfeffer aus der Mühle

Außerdem
Eiswürfel
Schaumkelle
Küchenpapier
Babyspinat zum Garnieren

Die Stielansätze der Tomaten herausschneiden und die Tomaten 30 Sekunden in kochendes Wasser tauchen. In Eiswasser abschrecken und die Haut abziehen. Dann vierteln, entkernen und in dünne Spalten schneiden.
Die Kartoffeln waschen und in Salzwasser 20–30 Minuten kochen.
In der Zwischenzeit den Spargel schälen und die holzigen Enden abschneiden. Reichlich Salzwasser aufkochen lassen. Den Zucker hinzufügen.
Den Spargel darin 15–17 Minuten kochen, bis er gerade noch Biss hat.
Die Bohnen putzen und in kochendem Salzwasser 6–8 Minuten garen.
In einem großen Topf Wasser aufkochen und 4 EL Essig hinzufügen.
In 4 kleine Schälchen je 1 EL Essig geben und jeweils 1 rohes Ei vorsichtig hineinschlagen, ohne den Dotter zu verletzen. Das siedende Wasser vom Herd ziehen und mit einem Kochlöffel darin rühren. Die Eier nacheinander aus den Schälchen in den Strudel gleiten lassen. Die pochierten Eier nach etwa 5 Minuten mit einer Schaumkelle aus dem Wasser heben und kurz auf Küchenpapier abtropfen lassen.
In der Zwischenzeit die Lauchzwiebeln waschen, putzen und in dünne Ringe schneiden, mit Senf, etwas Pfeffer und Rapsöl verrühren. Den Spargel mit halbierten Kartoffeln, Bohnen, Tomatenspalten und pochierten Eiern auf Tellern anrichten. Die Senfmarinade über den Spargel und die Kartoffeln geben. Mit Spinatblättern garnieren.

Spargelrisotto mit Erbsen und Zwiebeln

Zutaten
- 2 Schalotten
- 100 g Perlzwiebeln
- 250 g Risottoreis
- 2 EL Olivenöl
- 400 ml Brühe
- 200 ml Weißwein
- 250 g grüner Spargel
- 100 g tiefgekühlte Erbsen
- Salz
- 30 g geriebener Parmesan
- 50 g Sahne
- Pfeffer aus der Mühle

Außerdem
- Schaumkelle
- Eiswürfel
- Sieb

Die Schalotten und die Perlzwiebeln schälen. Die Schalotten fein würfeln. Den Reis mit den Schalotten in einem großen Topf im heißen Olivenöl anschwitzen. Die Zwiebeln hinzufügen und mit der Brühe und dem Weißwein ablöschen. Einmal aufkochen lassen und die Hitze danach auf ein Minimum reduzieren. Den Risotto 25–30 Minuten köcheln lassen, bis er noch etwas Biss hat. Dabei immer wieder umrühren und eventuell Wasser hinzufügen.
In der Zwischenzeit den Spargel waschen, das untere Drittel schälen und die holzigen Enden abschneiden. Zusammen mit den Erbsen in kochendem Salzwasser 5 Minuten bissfest garen. Mit einer Schaumkelle herausheben, in Eiswasser abschrecken und in einem Sieb abtropfen lassen. Den Parmesan und die Sahne unter den Risotto mischen und mit Salz und Pfeffer abschmecken. Die Spargelstangen in mundgerechte Stücke schneiden und zusammen mit den Erbsen im Risotto erwärmen.

Tipp: Zu diesem Risotto schmecken auch sehr gut getrocknete Steinpilze oder Maronen.

Fleisch, Geflügel, Fisch & Co.

Den typischen Spargelgeschmack kann man schwer beschreiben. In jedem Fall schmeckt die grüne Sorte nussiger. Ob grün oder weiß – alle Spargelsorten harmonieren hervorragend mit Fleisch und Geflügel, verschiedenen Fischsorten und Meeresfrüchten. Der Kreativität sind auch hier keine Grenzen gesetzt. Mit Seehecht im Speckmantel und Zitronencreme, mit Grapefruithühnchen oder frittierten Scampi: Die Küche reicht von einfach bis exquisit, von fruchtig bis deftig und würzig.

Spargel-Grapefruit-Hühnchen

Zutaten
- 4 Hühnchenbrustfilets (à 200 g)
- Salz
- Pfeffer
- 500 g grüner Spargel
- 200 g Zuckerschoten
- 200 g frische Soja- oder Mungosprossen
- 1 gelbe Paprikaschote
- 3 rosa Grapefruits
- 4 EL Rapsöl
- 100 ml Gemüsebrühe
- 2 EL körniger Senf (Meaux)
- 1–2 EL Honig
- 4 EL Walnusskerne

Außerdem
- Sieb
- Alufolie

Die Hühnchenbrustfilets waschen, trocken tupfen, der Länge nach durchschneiden und mit Salz und Pfeffer würzen. Den Spargel waschen, trocknen, von den holzigen Enden befreien und in etwa 4 cm lange Stücke schneiden. Die Zuckerschoten putzen, waschen und trocknen. Die Sprossen kurz abspülen und in einem Sieb abtropfen lassen. Die Paprika putzen, entkernen, waschen, trocknen und in Streifen schneiden. Eine von den Grapefruits auspressen, die anderen beiden filettieren, dabei den Saft auffangen. Das Öl in einer Pfanne erhitzen und die Hühnchenbrustfilets von beiden Seiten knusprig braun durchbraten. Herausnehmen, in Alufolie wickeln und warm stellen. Spargel, Zuckerschoten und Paprikastreifen in das Bratfett geben und unter mehrfachem Rühren etwa 5 Minuten garen. Die Gemüsebrühe mit dem Senf verrühren und über das Gemüse geben. Die Sprossen unter-heben, alles aufkochen lassen und abschmecken.

Den Grapefruitsaft mit dem Honig verrühren, die Grapefruitfilets dazugeben und das Ganze leicht erwärmen. Die Walnusskerne zugeben und leicht glasieren. Die Hähnchenbrustfilets portionsweise mit dem Gemüse auf Tellern anrichten und mit Grapefruitfilets und glasierten Walnüssen garniert servieren.

Spargel mit Garnelen und Erdbeerhollandaise

Zutaten

Für den Spargel
1 kg weißer Spargel
Salz
Zucker
1 TL Butter

Für die Sauce
100 g Erdbeeren
100 g Butter
140 ml Weißwein
2 Eigelb

Für die Beilage
1 EL Öl
12 rohe und geschälte Garnelen
Pfeffer aus der Mühle
1 TL Zitronensaft

Den Spargel schälen und von den holzigen Enden befreien, in Salzwasser mit etwas Zucker und 1 TL Butter ca. 15 Minuten lang bissfest kochen. Abtropfen lassen und warm stellen.
Für die Sauce die Erdbeeren waschen, putzen und vierteln, einige zur Dekoration beiseitestellen und die übrigen grob mit einer Gabel zerdrücken. Die Butter in einem Topf langsam schmelzen und danach kurz abkühlen lassen. Weißwein und Eigelb über einem Wasserbad mit dem Schneebesen schaumig aufschlagen, die zerlassene Butter nach und nach unterheben. Zuletzt die zerdrückten Erdbeeren vorsichtig mit einer Gabel unterziehen.
Für die Beilage das Öl erhitzen und die Garnelen rundum bei mittlerer Hitze rosa braten, mit Pfeffer und etwas Zitronensaft abschmecken. Spargel, Sauce und Garnelen anrichten und mit den restlichen Erdbeeren garnieren.

Tipp: Man kann auch tiefgekühlte Garnelen verwenden.

Spargel mit Fenchel und Hähnchenbrustfilets

Zutaten

Für das Gemüse
2 Fenchelknollen (à 250 g)
4 Stangen Staudensellerie
1 Knoblauchzehe

Für den Spargel
250 g grüner Spargel
Salz
1 TL Zucker
1 TL Butter

Für das Fleisch
4 Hähnchenbrustfilets (à 600 g)
4 EL Olivenöl
Salz, Pfeffer
Cayennepfeffer
100 ml trockener Weißwein
100 ml Orangensaft
400 ml Geflügelbrühe
2 Estragonstängel

Für das Fenchelgemüse zunächst den Fenchel putzen, dabei das Grün beiseitelegen, waschen und halbieren. Strunk herausschneiden und Fenchel in Scheiben schneiden. Den Sellerie putzen, waschen und in dünne Scheiben schneiden. Knoblauch schälen und fein würfeln.
Den Spargel putzen, die holzigen Enden abschneiden und das untere Drittel schälen. In kochendem Salzwasser mit Zucker und Butter etwa 5 Minuten bissfest garen, abgießen, in eiskaltem Wasser abschrecken und abtropfen lassen.
Die Hähnchenbrustfilets waschen und trocken tupfen. In einem Topf das Öl erhitzen und die Hähnchenbrüste darin von jeder Seite gut anbraten, dabei mit Salz und Pfeffer würzen. Herausnehmen und warm stellen. Fenchel, Sellerie und Knoblauch ins Bratfett geben, eventuell noch Butter hinzufügen, einige Minuten unter Rühren anbraten. Das Gemüse mit Salz und etwas Cayennepfeffer würzen und mit Weißwein und Orangensaft ablöschen. Fast vollständig einkochen lassen. Die Gemüsebrühe dazugeben und das Ganze zum Kochen bringen. 3 Minuten köcheln lassen.
Den Spargel kurz im Fenchelsud erhitzen, zum Schluss etwas grob gehacktes Fenchelgrün und Estragon darüberstreuen, mit Salz und Pfeffer abschmecken. Den Spargel mit dem Fenchelgemüse und den Hühnerbrustfilets anrichten.

Spargel mit Lachs und Kräuterbutter

Zutaten
1 kg weißer Spargel
Salz
1 TL Zucker
1 TL Butter
400 g geräucherter Lachs
150 g fein gehackter Dill
5 EL fein gehackte Zitronenmelisse
150 g fein gehackte Petersilie
5 EL weißer Balsamicoessig
10 EL Oliven- oder Walnussöl
Pfeffer aus der Mühle

Den Spargel waschen, schälen und die holzigen Enden entfernen. Dann in ausreichend Salzwasser mit je 1 TL Zucker und Butter ca. 15 Minuten bissfest garen. Die Stangen anschließend aus dem Wasser heben und gut abtropfen lassen.
Den Spargel anrichten und mit dem in dünne, nicht zu große Scheiben geschnittenen Lachs belegen.
Die frischen und sehr fein gehackten Kräuter mit Essig und Öl sorgfältig verrühren und mit Salz und Pfeffer abschmecken. Dann die Sauce auf der Platte um den mit Lachs belegten Spargel gießen.

Tipp: Die Kräuter können noch zusätzlich mit einem Mörser zerrieben werden.

Putenbrust mit Spargel und Kichererbsen

Zutaten

Für den Salat

- 300 g Kichererbsen (Dose)
- 400 g grüner Spargel
- Salz
- 200 g Rucola
- 500 g geräucherte Putenbrust in Scheiben

Für die Vinaigrette

- 1 unbehandelte Zitrone
- 1 EL Honig
- Salz, Pfeffer
- 5 EL Traubenkernöl

Außerdem

- Sieb
- Eiswürfel
- Zestenreißer
- rote Zwiebelringe zum Garnieren

Für den Salat die Kichererbsen in ein Sieb geben, mit Wasser abbrausen und gut abtropfen lassen. Den Spargel waschen, das untere Drittel schälen und die holzigen Enden entfernen. In kochendem Salzwasser 7 Minuten garen, dann herausnehmen, in Eiswasser abschrecken und gut abtropfen lassen.

Für die Vinaigrette die Zitrone heiß waschen, abtrocknen und die Schale mit einem Zestenreißer in Streifen abziehen. Den Saft der Zitrone auspressen. Zitronenschale, -saft, Honig, Salz und Pfeffer vermischen. Das Traubenkernöl in einem dünnen Strahl hineinlaufen lassen und gründlich verrühren. Den Rucola putzen, waschen und trocken tupfen. Spargel, Kichererbsen, Rucola und Putenbrust in 4 Schälchen anrichten. Mit der Zitronenvinaigrette beträufeln und den Zwiebelringen garnieren.

Tipp: Dazu schmeckt geröstetes Fladenbrot.

Rotbarbenfilets mit Spargel und Walderdbeeren

Zutaten
800 g grüner Spargel
Salz
200 g Walderdbeeren
2 EL Dijonsenf
4 EL weißer Balsamicoessig
Pfeffer aus der Mühle
8 EL Olivenöl
8 Rotbarbenfilets (à 150 g)

Außerdem
Schaumkelle
Küchenpapier
Eiswürfel
Sieb

Den Spargel waschen, das untere Drittel schälen und die holzigen Enden abschneiden. In kochendem Salzwasser 5 Minuten bissfest garen.
Mit einer Schaumkelle herausheben, in Eiswasser abschrecken und in einem Sieb abtropfen lassen. Die Erdbeeren waschen, mit Küchenpapier trocken tupfen und die Stielansätze entfernen. Ein paar Erdbeeren mit Grün zum Garnieren beiseitelegen. Den Senf und den Essig verrühren.
Mit Salz und Pfeffer würzen. 6 EL Olivenöl in dünnem Strahl unter ständigem Rühren hinzufügen, bis ein homogenes Dressing entstanden ist.
Die Rotbarben waschen und mit Küchenpapier trocken tupfen.
Das restliche Olivenöl in einer großen Pfanne erhitzen. Die Rotbarben mit Salz und Pfeffer würzen und darin bei mittlerer Hitze 2 Minuten von jeder Seite braten. In den letzten 2 Minuten den Spargel hinzufügen und unter vorsichtigem Wenden in der Pfanne erwärmen. Rotbarben, Spargel und Erdbeeren auf Tellern anrichten. Das Dressing über den Spargel träufeln und, mit den restlichen Erdbeeren garniert, servieren.

Seehecht im Speckmantel mit Zitronencreme

Zutaten
500 g weißer Spargel
Salz
1 TL Zucker
500 g grüner Spargel
4 tiefgekühlte Seehechtfilets (à 150 g)
8 Scheiben Bacon
4 EL Olivenöl
1 Zitrone
4 EL Sauce hollandaise (siehe S. 44)
Pfeffer aus der Mühle

Außerdem
ofenfeste Pfanne

Den Ofen auf 200 Grad vorheizen. Den weißen Spargel schälen und die holzigen Enden entfernen. Reichlich Salzwasser mit dem Zucker zum Kochen bringen und den Spargel darin bissfest garen. In der Zwischenzeit den grünen Spargel waschen und die holzigen Enden entfernen.
Die Seehechtfilets auftauen lassen und jeweils mit 2 Scheiben Speck umwickeln. In einer ofenfesten Pfanne 2 EL Olivenöl erhitzen und die Fischfilets 1 Minute auf jeder Seite anbraten. Danach die Pfanne für 12 Minuten in den Ofen stellen.
Die Zitrone auspressen und den Saft mit der Sauce hollandaise vermischen, mit Pfeffer würzen und leicht erwärmen. Das restliche Olivenöl in einer Pfanne erhitzen und den grünen Spargel darin bissfest anbraten und mit Salz und Pfeffer würzen. Den weißen Spargel aus dem Spargelsud nehmen und zusammen mit dem grünen Spargel auf Tellern anrichten. Den Fisch aus dem Ofen nehmen, neben dem Spargel anrichten und mit der Zitronencreme übergießen. Frischen Pfeffer darüber streuen.

Tipp: Dazu passen Salz- oder Petersilienkartoffeln.

Spargelstangen in Parmaschinken

Zutaten
800 g grüner Spargel
Salz
3 EL flüssiger Honig
100 ml weißer Balsamicoessig
Pfeffer aus der Mühle
4 EL Olivenöl
40 g Grana Padano
1/2 Bund Schnittlauch
1/2 Bund Kerbel
500 g Parmaschinken

Außerdem
Schaumkelle
Eiswürfel
Sieb
Auflaufform
Haushaltsreibe

Den Spargel waschen, das untere Drittel schälen und die holzigen Enden abschneiden. In kochendem Salzwasser 5–7 Minuten garen. Mit einer Schaumkelle herausheben, in Eiswasser abschrecken und in einem Sieb abtropfen lassen.
Den Honig und den Balsamicoessig unter Rühren aufkochen. Vom Herd nehmen und abkühlen lassen. Mit Salz und Pfeffer würzen und das Olivenöl hineinrühren. Die Spargelstangen halbieren, in eine Auflaufform geben, mit der Marinade übergießen und ca. 30 Minuten darin ziehen lassen. Den Grana Padano auf einer Haushaltsreibe fein reiben. Den Schnittlauch waschen, trocken schütteln und in Röllchen schneiden. Den Kerbel waschen, trocken tupfen und hacken. Jede Spargelstange in etwas luftgetrockneten Schinken einrollen und auf einer großen Platte anrichten. Mit Schnittlauch, Kerbel und dem geriebenen Grana Padano bestreuen.

Tipp: Statt Parmaschinken passt auch Serranoschinken sehr gut.

Spargel mit marinierten Meeresfrüchten

Zutaten
2 Knoblauchzehen
2 EL Limettensaft
300 g Baby-Tintenfische
200 g Riesengarnelen
500 g weißen Spargel
2–3 EL Butter
300 ml Weißwein
Salz
Pfeffer aus der Mühle
1 Bund Lauchzwiebeln

Außerdem
Schaumkelle

Den Knoblauch schälen, fein würfeln und mit dem Limettensaft vermischen. Die Tintenfische und die Garnelen putzen und ausnehmen, anschließend 30 Minuten in der Knoblauch-Limetten-Marinade marinieren. Den Spargel schälen, die holzigen Enden entfernen und in kurze Abschnitte zerteilen. Die Spargelstücke mit Butter in einer Pfanne (mit Deckel) 2 Minuten unter Wenden anbraten. Mit Weißwein ablöschen, mit Salz und Pfeffer würzen und zugedeckt 10 Minuten schmoren lassen. In der Zwischenzeit die Lauchzwiebeln putzen und in breite Ringe schneiden. Die Lauchzwiebeln und die marinierten Meeresfrüchte zum Spargel hinzufügen und so lange erhitzen, bis die Garnelen eine rosa Farbe angenommen haben. Mit Salz und Pfeffer abschmecken und heiß servieren.

Tipp: Dazu Basmatireis reichen und mit einem trockenen Weißwein genießen.

Schweinefilet mit weißem und grünem Spargel

Zutaten
500 g weißer Spargel
500 g grüner Spargel
4 Schalotten
3 EL Olivenöl
1 EL Tomatenmark
100 ml Weißwein
2 Dosen geschälte, gehackte Tomaten (à 400 g)
Salz, Pfeffer
1/2 Bund Basilikum
40 g Butter
35 g Zucker
600 g Schweinefilet
2 EL Sonnenblumenöl

Außerdem
Küchenpapier
zerstoßener Pfeffer
Basilikum zum Garnieren

Den weißen Spargel schälen. Vom grünen Spargel das untere Drittel schälen und die holzigen Enden von beiden Spargelsorten abschneiden.
Die Schalotten schälen und fein würfeln. Das Olivenöl in einer Pfanne erhitzen. Die Schalottenwürfel darin glasig anbraten. Das Tomatenmark einrühren, kurz anrösten und mit dem Weißwein ablöschen. Die Tomaten dazugeben und zugedeckt bei geringer Hitze 10 Minuten köcheln lassen. Mit Salz und Pfeffer würzen. Das Basilikum waschen, mit Küchenpapier trocken tupfen und die Blätter von den Stielen zupfen. Zur Sauce hinzufügen und die letzten 3 Minuten mitkochen lassen.
Einen großen Topf mit Salzwasser erhitzen, die Butter und den Zucker dazugeben. Den weißen Spargel darin 15–17 Minuten bissfest kochen. Den grünen Spargel nach 10 Minuten dazugeben und mitkochen.
In der Zwischenzeit das Fleisch in 12 Medaillons schneiden. Das Sonnenblumenöl in einer Pfanne erhitzen. Die Fleischstücke darin von beiden Seiten 2–3 Minuten anbraten und dann bei mittlerer Hitze 5 Minuten weiterbraten. Erst die Tomatensauce, dann die beiden Spargelsorten auf 4 Teller verteilen und die Medaillons dazu anrichten. Mit Basilikum dekorieren, mit zerstoßenem Pfeffer bestreuen und servieren.

Zutaten
400 g grüner Spargel
Salz
2 Schalotten
2 Tomaten
1 Bund Basilikum
8 Rotzungenfilets
Pfeffer
Orangenpfeffer
Mehl zum Panieren
30 g Butter
4 EL Olivenöl

Außerdem
Eiswürfel

Rotzungenfilets mit Spargel und Kräutern

Den Spargel waschen, das untere Drittel schälen und die holzigen Enden entfernen. In kochendem Salzwasser 5 Minuten garen, dann in Eiswasser abschrecken und gut abtropfen lassen.
Die Schalotten schälen und in dünne Ringe schneiden. Die Tomaten waschen, den Stielansatz entfernen und vierteln. Das Kerngehäuse herauslösen und das Fruchtfleisch in Würfel schneiden. Das Basilikum waschen, trocken tupfen und klein schneiden.
Die Fischfilets waschen, trocken tupfen, salzen und pfeffern. Anschließend die Filets im Mehl wälzen und überschüssiges Mehl abklopfen. Die Butter und 2 EL Olivenöl in einer Pfanne erhitzen. Bei mittlerer Hitze 2–3 Minuten braten, danach wenden und nochmals 2 Minuten braten.
In der Zwischenzeit 2 EL Olivenöl in einer zweiten Pfanne erhitzen.
Die Zwiebelringe darin glasig braten, die Tomatenwürfel hinzufügen und mit den Zwiebelringen 2 Minuten garen. Den Spargel in der Zwiebel-Tomatenmischung erwärmen. Mit Salz und Orangenpfeffer würzen. Die gebratenen Fischfilets mit dem Gemüse anrichten und mit dem Basilikum bestreuen.

Tipp: Rotzunge harmoniert hervorragend mit Garnelen, die man einfach mitbraten kann.

Lammkoteletts mit Spargel und Kartoffeln

Zutaten
800 g Frühkartoffeln
Salz
2 TL Kümmel
800 g grüner Spargel
1/2 Bund Basilikum
50 g Butter
8 Lammkoteletts
Pfeffer aus der Mühle

Außerdem
gelbe Löwenzahnblätter zum Garnieren

Die Kartoffeln gründlich waschen. Salzwasser mit dem Kümmel zum Kochen bringen und die Kartoffeln darin 30 Minuten garen.
In der Zwischenzeit den Spargel waschen, das untere Drittel schälen und die holzigen Enden entfernen. In kochendem Salzwasser 7 Minuten garen.
Das Basilikum waschen und trocken tupfen. Die Blättchen von den Zweigen zupfen und klein schneiden. Die Butter mit dem Basilikum in einem Topf erhitzen.
Eine Grillpfanne erhitzen. Die Lammkoteletts darin von jeder Seite 3 Minuten braten. Mit Salz und Pfeffer würzen.
Die Kartoffeln abgießen und in Scheiben schneiden. Den Spargel und die Kartoffeln auf 4 Teller verteilen. Die Koteletts darauf anrichten.
Die Basilikumbutter über alle Zutaten träufeln. Mit Löwenzahnblättern garnieren.

Spargel mit Putenroulade und Erbsenpüree

Zutaten

Für das Püree
700 g tiefgekühlte Erbsen
200 ml Geflügelbrühe
1 EL Sahne
Salz
Pfeffer aus der Mühle

Für die Roulade
400 g grüner Spargel
Salz, Pfeffer
300 g grüne Bohnen
4 Putenschnitzel (à 150 g)
30 g Haselnüsse
30 g Pistazien
20 g getrocknete Cranberries
1 EL Sesam
30 g Butter

Außerdem
Eiswürfel
Pürierstab

Die Erbsen 5 Minuten in der Brühe kochen, dann in Eiswasser abschrecken und zusammen mit der abgekühlten Brühe pürieren.
Sahne dazugeben, mit Salz und Pfeffer würzen.
Den Spargel waschen, das untere Drittel schälen und die holzigen Enden abschneiden. In kochendem Salzwasser 5 Minuten bissfest garen. Danach in Eiswasser abschrecken und in einem Sieb abtropfen lassen.
Die Bohnen waschen und putzen.
Die Schnitzel plattieren, salzen und pfeffern. Jedes Schnitzel auf etwas Frischhaltefolie auslegen und mit je 3 EL Erbsenpüree einstreichen.
Die Nüsse, Pistazien und die Cranberries hacken und auf das Püree streuen.
Die Schnitzel mithilfe der Folie einrollen. Die Rouladen fest in Alufolie wickeln und die Enden zudrehen. 2 l Wasser in einem Bräter auf 90 Grad erhitzen. Die Rouladen darin 30 Minuten zugedeckt gar ziehen lassen.
Den Sesam in einer trockenen Pfanne rösten. 5 Minuten vor Ende der Garzeit der Rouladen die Butter in einer Pfanne erhitzen und das Gemüse darin erwärmen.
Mit Salz und Pfeffer abschmecken. Das restliche Püree bei geringer Hitze erwärmen. Die Rouladen abtropfen lassen und auswickeln. In Scheiben schneiden und zusammen mit dem Gemüse und dem Püree auf Teller verteilen und mit Sesam bestreut servieren.

Spargel und Kabeljau in der Papillote

Zutaten
500 g weißer Spargel
500 g grüner Spargel
Salz
1 Bund Schnittlauch
4 Kabeljaufilets (à 130 g)
4 Blätter Filoteig
30 g flüssige Butter
2 EL bunter Pfeffer
2 EL Limettensaft

Außerdem
Eiswürfel
Sieb
Bastfäden
Backpapier

Den Spargel waschen. Den weißen Spargel schälen. Vom grünen Spargel das untere Drittel schälen. Von beiden Sorten die holzigen Enden abschneiden. Den weißen Spargel in kochendes Salzwasser geben und für 10 Minuten garen. Den grünen Spargel 5 Minuten später hinzufügen. Die Spargelstangen herausheben, in Eiswasser abschrecken und in einem Sieb abtropfen lassen.
Den Schnittlauch waschen, trocken tupfen und in Röllchen schneiden. Die Fischfilets waschen und trocken tupfen. Den Filoteig von beiden Seiten mit der flüssigen Butter bestreichen.
Den Backofen auf 180 Grad vorheizen. Die Filoteigplatten auf der Arbeitsfläche ausbreiten. Die Spargelstangen auf die Breite der Fischfilets kürzen. Gleichmäßig die grünen und weißen Spargelstangen in der Mitte der 4 Teigblätter auslegen. Jeweils 1 Fischfilet darauflegen. Mit etwas Schnittlauch, bunten Pfefferkörnern und Salz bestreuen. Mit dem Limettensaft beträufeln. Den Teig über den Fischfilets so einschlagen, dass die Säckchen oben noch etwas geöffnet bleiben. Die Säckchen mit Bastfäden zubinden und auf einem mit Backpapier ausgelegten Backofengitter nebeneinanderlegen. Im vorgeheizten Ofen 12–15 Minuten garen.

Tipp: Zusammen mit Basmati- oder Jasminreis servieren.

Risotto mit Rotbarbe und grünem Spargel

Zutaten
4 Schalotten
250 g Risottoreis
2 EL Olivenöl
200 ml Weißwein
400 ml Brühe
500 g grüner Spargel
Salz
60 g geriebener Parmesan
50 g Sahne
Pfeffer aus der Mühle
8 Rotbarbenfilets
2 EL Mehl
3 EL Butter

Außerdem
Eiswürfel
Küchenpapier
Kresse zum Garnieren

Die Schalotten schälen und fein würfeln. Den Reis mit den Schalotten in einem großen Topf mit dem Olivenöl anschwitzen. Mit dem Weißwein ablöschen. Die Brühe angießen, bis der Reis 2 Finger breit mit der Brühe bedeckt ist. Einmal aufkochen lassen und dann die Hitze reduzieren.
Den Risotto 25–30 Minuten köcheln lassen, sodass der Reis noch etwas Biss hat. Dabei ständig rühren und etwas Brühe hinzufügen.
In der Zwischenzeit den Spargel waschen, das untere Drittel schälen und die holzigen Enden abschneiden. Den Spargel in kochendem Salzwasser 5 Minuten garen. Herausnehmen, in Eiswasser abschrecken und gut abtropfen lassen.
Den Parmesan und die Sahne unter den Risotto mischen und mit Salz und Pfeffer abschmecken. Den Spargel jeweils in 3–4 Stücke schneiden und im Risotto erwärmen. Die Rotbarbenfilets waschen und mit Küchenpapier trocken tupfen. Die Filets mit Salz und Pfeffer würzen, im Mehl wenden und überschüssiges Mehl abklopfen. Die Butter in einer beschichteten Pfanne erhitzen und die Rotbarben darin von beiden Seiten 2 Minuten braten. Den Spargelrisotto auf tiefen Tellern anrichten, die Fischfilets darauf betten und mit Kresse garnieren.

Zutaten
20 Scampi
1 rote Paprikaschote
800 g grüner Spargel
Salz
500 ml Frittierfett

Für den Tempurateig
1 Ei
270 ml eiskaltes Wasser
100 g Reismehl
100 g Reisstärke
1 Prise Backpulver

Außerdem
60 ml süße Chilisauce
1 Bund Koriander zum Garnieren

Spargel mit frittierten Scampi

Die Scampi waschen und trocken tupfen. Die Scampi bis zur Schwanzflosse schälen und am Rücken entlang einritzen. Den schwarzen Darm entfernen und die Scampi im Kühlschrank kalt stellen. Die Paprika waschen, halbieren, entkernen und in schmale Streifen schneiden.
Den Spargel waschen, das untere Drittel schälen und die holzigen Enden abschneiden. In kochendem Salzwasser 5–7 Minuten bissfest garen, anschließend gut abtropfen lassen. Das Frittierfett auf 180 Grad vorheizen. Für den Teig Ei und Wasser schaumig schlagen. Dann mit Mehl, Stärke und Backpulver zu einem dünnflüssigen Tempurateig rühren. Die Scampi einzeln kurz durch den Tempurateig ziehen und im vorgeheizten Frittierfett portionsweise 3–4 Minuten ausbacken. Der Teig sollte sofort verarbeitet werden. Mit dem Spargel und den dünnen Paprikastreifen auf Tellern anrichten. Dazu thailändische Chilisauce reichen und mit Koriander garnieren.

Tipp: Der Tempurateig eignet sich ebenso zum Frittieren von Gemüse oder verschiedenen Fischsorten. Servieren Sie dazu Basmati- oder Jasminreis.

Nudelgerichte

Mit Pasta gelingt einfach alles, auch bei Gerichten mit Spargel dürfen Nudeln nicht fehlen. Rigatoni, Hörnchen, Pappardelle, Pennete oder konventionelle Spaghetti, probieren Sie selbst, welche Nudelsorte Sie am liebsten mit dem Königsgemüse kombinieren!

Zutaten
400 g grüner Spargel
1 Zwiebel
2 Knoblauchzehen
150 g gegarte und geschälte Garnelen (Glas)
500 g Spaghetti
Salz
1 EL Olivenöl
100 g Sahne
Pfeffer aus der Mühle
Muskatnuss
1–2 TL geröstete Pinienkerne

Außerdem
Sieb

Spaghetti mit Spargel und Garnelen

Spargelstangen waschen, die holzigen Enden entfernen und im unteren Drittel schälen. Dann in 3 cm breite Stücke schneiden. Zwiebel und Knoblauch schälen und ganz fein schneiden.
Die Garnelen abtropfen lassen. Die Spaghetti in reichlich Salzwasser bissfest garen. Währenddessen für die Sauce das Olivenöl in einem Topf erhitzen. Spargel, Zwiebel und Knoblauch darin kurz andünsten.
1 Schöpfkelle vom Nudelkochwasser dazugießen und bei geschlossenem Deckel ca.10 Minuten köcheln lassen. Dann die Sahne unterrühren und leicht einkochen lassen. Die Garnelen untermischen, ca. 5 Minuten erhitzen und alles mit Salz, Pfeffer und Muskatnuss abschmecken, die Pinienkerne dazugeben.
Die fertige Pasta abtropfen lassen und mit der Garnelen-Spargel-Sauce in einer großen Schüssel vermischen. Sofort servieren.

Tipp: Die Sauce lässt sich gut mit etwas fruchtig mildem rosa Pfeffer sowohl farblich als auch geschmacklich variieren.

Hörnchen mit Spargel und dicken Bohnen

Zutaten
80 g tiefgekühlte Erbsen
400 g Hörnchen-Nudeln
250 g grüner Spargel
Salz
150 g dicke Bohnen (Saubohnen)
100 g Fetakäse
100 g Sahne
1 Msp. Chilipulver

Außerdem
Eiswürfel
Basilikumblätter zum Garnieren

Die Erbsen auftauen lassen. Die Nudeln nach Packungsanleitung zubereiten. In der Zwischenzeit den Spargel waschen, das untere Drittel schälen und die holzigen Enden abschneiden. In kochendem Salzwasser 5 Minuten garen, in Eiswasser abschrecken und gut abtropfen lassen.
Die Bohnen 5 Minuten in Salzwasser kochen, dann herausnehmen und die harte Außenhaut entfernen. Die Erbsen im Bohnenwasser 3 Minuten kochen, dann abgießen und abtropfen lassen.
Den Feta zerbröckeln. Die Nudeln in einer tiefen Pfanne mit dem Gemüse mischen. Die Sahne hinzufügen und die Zutaten kurz erhitzen. Mit Salz und Chili abschmecken. Das Nudelgericht auf Tellern anrichten. Den Fetakäse zum Schluss darüberstreuen und alles mit den Basilikumblättern garnieren.

Tipp: Beim Kauf auf die Bezeichnung „Feta" achten. Nur sehr fetter Schafs- oder Ziegenkäse lässt sich gut zerbröckeln.

Soba mit grünem Spargel und Asiasauce

Zutaten
400 g grüner Spargel
Salz
400 g Soba (Buchweizennudeln)
2 Schalotten
1 EL Sesamöl
100 ml Weißwein
100 ml Erdnusssauce (z. B. Asialaden)
Pfeffer aus der Mühle

Außerdem
Eiswürfel
Sieb

Den Spargel waschen, das untere Drittel schälen und die holzigen Enden entfernen. In kochendem Salzwasser, je nach Stärke, 5–7 Minuten garen, dann herausnehmen, in Eiswasser abschrecken und gut abtropfen lassen. Die Spargelstangen 2-mal schräg halbieren.
Die Nudeln nach Packungsanleitung zubereiten, abgießen und in einem Sieb abtropfen lassen. In der Zwischenzeit die Schalotten schälen und fein würfeln. Das Sesamöl in einer Pfanne erhitzen. Die Schalottenwürfel darin glasig braten, mit Weißwein ablöschen und die Erdnusssauce hineinrühren. Mit Salz und Pfeffer abschmecken.
Den Spargel und die Nudeln hinzufügen und mit der Sauce mischen. Spargel, Nudeln und Sauce in Portionsschälchen anrichten.

Tipp: Eine frische Note erhält das Nudelgericht durch 2 EL Limettensaft oder etwas frischen Koriander.

Pappardelle mit roten Zwiebeln und Spargel

Zutaten
400 g Pappardelle
4 rote Zwiebeln
500 g grüner Spargel
30 g Butter
3 EL Olivenöl
2 Msp. Gemüsebrühe (gekörnt)
Salz
Pfeffer aus der Mühle

Außerdem
Sieb

Die Nudeln nach Packungsanleitung zubereiten. In der Zwischenzeit die Zwiebeln schälen und in Streifen schneiden. Den Spargel waschen, das untere Drittel schälen und die holzigen Enden abschneiden. Die Stangen längs halbieren und in 4–5 Stücke schneiden.
Die Butter und das Öl in einer beschichteten Pfanne erhitzen, die Zwiebeln darin glasig braten. Den Spargel dazugeben und 2 Minuten darin anbraten.
Mit 50 ml Nudelwasser ablöschen und die gekörnte Brühe hinzufügen. Das Gemüse mit Salz und Pfeffer abschmecken. So lange kochen lassen, bis die Flüssigkeit verdampft ist. Die Nudeln in einem Sieb abtropfen lassen und zu dem Gemüse geben. Die Nudeln mit den Zwiebeln und dem Spargel verrühren. Auf Tellern anrichten und sofort servieren.

Tipp: Dazu passen gebratene Lammlachse.

Pennete-Gemüseauflauf

Zutaten
100 g grüne Bohnen
200 g Brokkoli
1 rote Paprikaschote
100 g grüner Spargel
Salz
400 g Pennete
3 Eier
300 g Sahne
Pfeffer aus der Mühle
50 g geriebener Parmesan
1 EL Olivenöl

Außerdem
Schaumkelle
Eiswürfel
Auflaufform
Butter für die Form

Die Bohnen putzen und waschen. Den Brokkoli putzen, waschen und in Röschen zerteilen. Die Paprika waschen, halbieren, entkernen und in Streifen schneiden. Den Spargel waschen, das untere Drittel schälen und die holzigen Enden abschneiden. In kochendem Salzwasser ca. 5 Minuten garen. Den Brokkoli nach 2 Minuten hinzufügen und mitkochen. Spargel und Brokkoli mit einer Schaumkelle herausheben, in Eiswasser abschrecken und gut abtropfen lassen. Den Spargel in 4 cm lange Stücke schneiden. Die Nudeln nach Packungsanleitung kochen. 20 Nudeln und 12 Spargelstücke beiseitelegen.
Den Backofen auf 180 Grad vorheizen. Die Eier und die Sahne in einer Schüssel verquirlen. Mit Salz und Pfeffer kräftig würzen. Eine Auflaufform buttern, das Gemüse und die Nudeln darin verteilen und die Sahnemischung darübergießen. Die beiseitegelegten Nudeln und den Spargel darüber verteilen. Mit Parmesan bestreuen, mit Olivenöl beträufeln und im vorgeheizten Backofen 30–35 Minuten überbacken. Zum Servieren in Stücke schneiden.

Tipp: Dazu schmeckt eine kräftige Tomatensauce.

Spargel mit Rigatoni und grünem Gemüse

Zutaten
100 g tiefgekühlte Erbsen
400 g Rigatoni
Salz
300 g grüner Spargel
2 EL Butter
200 ml Weißwein
2 Zucchini
100 g Roquefort
200 g Sahne
2 EL Zitronensaft
Pfeffer aus der Mühle

Außerdem
Sparschäler
Basilikumblätter, Zesten und Scheiben von 1 unbehandelten Zitrone zum Garnieren

Die Erbsen auftauen lassen. Die Nudeln nach Packungsanleitung in kochendem Salzwasser zubereiten. In der Zwischenzeit den Spargel waschen, das untere Drittel schälen und die holzigen Enden abschneiden. Die Butter in einer Pfanne erhitzen. Den Spargel hinzufügen, darin unter Wenden anbraten und mit Weißwein ablöschen. Den Spargel zugedeckt 5 Minuten köcheln lassen. Die Zucchini waschen, putzen und mit einem Sparschäler schälen. Die Schalen in dünne Streifen schneiden. Den Roquefort mit der Sahne mischen. Diese Mischung mit dem Zitronensaft in einer großen Pfanne erhitzen. Die Zucchinistreifen und die Erbsen hinzufügen. Die Nudeln direkt aus dem Nudelwasser in die Pfanne geben. Den Spargel ebenfalls hinzufügen und alles für 3 Minuten köcheln lassen. Mit Salz und Pfeffer würzen.
Das Pfannengericht auf Tellern anrichten und mit Basilikum, Zesten und Zitronenscheiben garnieren.

Tipp: Weniger pikant als Roquefort, aber geschmacklich von mild bis aromatisch, ist Camembert.

Register

T

Ü

W

Impressum

LiCo ist ein eingetragenes Warenzeichen und erscheint im Lingen Verlag, 50679 Köln

Fotos: Photocuisine, Thinkstock, Archiv Lingen Verlag
Text: (S. 8–13): Ulrike Zielke, München

Printed in EU.

www.lingenverlag.de